THÉÂTRE DU GYMNASE

L'AUTOGRAPHE

COMÉDIE EN UN ACTE

PAR

M. HENRI MEILHAC

Représentée pour la première fois, à Paris, sur le théâtre du GYMNASE, le 27 novembre 1858.

PARIS
BECK, LIBRAIRE
3, RUE DES GRANDS-AUGUSTINS
1858

L'AUTOGRAPHE

COMÉDIE EN UN ACTE

PAR

M. HENRI MEILHAC

Représentée pour la première fois, à Paris, sur le théâtre du Gymnase, le 27 novembre 1858.

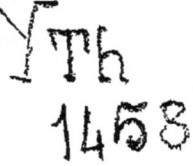

PARIS

BECK, LIBRAIRE

RUE DES GRANDS-AUGUSTINS, 3

—

1858

— Droits de représentation, de reproduction et de traduction réservés —

PERSONNAGES :

LE COMTE RISCARA, 50 ans......	MM. Derval.
CHASTENAY, 35 ans.............	Dupuis.
FLAVIO, cousin de Riscara, 21 ans.	Dieudonné.
LA COMTESSE, 27 ans...........	Mmes Marquet.
JULIE, femme de chambre, 18 ans.	Rosa Didier.

Paris, de nos jours.

S'adresser, pour la mise en scène exacte et détaillée, à M. Hérold, régisseur de la scène, au Gymnase.

L'AUTOGRAPHE

Un salon très-élégamment meublé. Trois portes au fond, une à gauche, deuxième plan ; à droite, un piano fermé. Sur le devant, une table. Une cheminée et un canapé à gauche. — Huit heures du soir.

SCÈNE PREMIÈRE.

CHASTENAY, LA COMTESSE.

CHASTENAY, assis sur un fauteuil près de la cheminée.
Ainsi, comtesse, on ne vous verra pas à ce bal ?
LA COMTESSE, assise sur le canapé.
Non, madame de Rouvray, ma cousine, est souffrante ; j'irai chez elle...
CHASTENAY.
Elle est très-souvent souffrante, madame de Rouvray.
LA COMTESSE.
Pauvre femme ! il faudrait qu'elle fût de fer pour se bien porter ; son mari l'a complétement ruinée, soixante-dix-sept ans avec cela.
CHASTENAY.
Je vais beaucoup m'ennuyer à ce bal, puisque vous n'y allez pas, et je suis malheureusement forcé d'y paraître... (Il se lève.)
LA COMTESSE.
Doucement, monsieur Chastenay, vous ne vous en irez pas ainsi. Voilà trois semaines que vous me promettez un autographe...
CHASTENAY.
Trois semaines déjà !..
LA COMTESSE.
Oui, trois semaines, je vous l'ai demandé le jour de votre grand succès... il est temps, je pense, de vous exécuter.
CHASTENAY.
C'est tout à fait impossible.
LA COMTESSE.
Et pourquoi cela ?
CHASTENAY.
Vous comprenez bien que je ne puis pas écrire sur votre album ce que j'écrirais sur le premier album venu, il faut quel-

que chose d'original... une pensée sublime ou un calembourg très-réussi... Eh bien, j'ai beau me creuser la tête, il ne me vient absolument rien, ni pensée sublime, ni calembourg.

LA COMTESSE.

Voilà qui est fâcheux...

CHASTENAY.

Quand je suis près de vous, comtesse, je n'ai qu'une seule phrase dans l'esprit, une phrase très-jolie assurément, très-courte et très-expressive, une phrase qui me brûle les lèvres. Mais que jamais, au grand jamais, je ne prendrai la liberté d'écrire sur votre album; ainsi... (Il salue.)

LA COMTESSE.

Oh! vous ne sortirez pas d'ici avant d'avoir tenu votre promesse, j'ai attendu assez longtemps.

CHASTENAY.

Je suis prisonnier, il paraît?..

LA COMTESSE.

Vous l'avez dit...

CHASTENAY.

Bon, je ne tarderai pas à être délivré : nous sommes seuls depuis dix minutes, quelqu'un, je parie, va se dépêcher de rompre le tête-à-tête...

LA COMTESSE.

Quand je devrais défendre ma porte! (Un domestique entre et annonce.)

LE DOMESTIQUE.

M. le marquis de Tursi... (Entre Flavio ; il a des cahiers de musique sous le bras.)

CHASTENAY, bas à la comtesse.

Vous voyez bien!..

LA COMTESSE.

Ah!..

SCÈNE II.

CHASTENAY, LA COMTESSE, FLAVIO.

FLAVIO.

Madame la comtesse... (Il lui baise la main.)

CHASTENAY.

Comment allez-vous, monsieur le marquis?..

FLAVIO, très-froid.

Très-bien, Monsieur.

CHASTENAY, à la comtesse.

Je ne compte pas rester longtemps à ce bal; si je pensais vous retrouver ici, Madame, je vous demanderais la permission de venir, ce soir même, m'informer de la santé de madame de Rouvray...

LA COMTESSE.
Je serai rentrée chez moi dans une heure; après je ne sortirai plus.
CHASTENAY, saluant.
Madame... Bonsoir monsieur le marquis.
FLAVIO.
Bonsoir, Monsieur!.. (Chastenay sort par le fond.)

SCÈNE III.

LA COMTESSE, FLAVIO.

FLAVIO.
Comtesse, je vous apporte les dernières mélodies de Chiarini. (La comtesse ne répond pas.) Voici des valses de Monticelli, comtesse, et des romances de Scarlati. (La comtesse ne répond pas.) Voici des rêveries de Marianini et des symphonies de...
LA COMTESSE.
Je n'ai que faire de tout cela...
FLAVIO, d'un ton désolé.
Ah! comtesse! comtesse!
LA COMTESSE.
Si vous désirez parler au comte, il est chez lui, je crois... (Elle fait quelques pas pour sortir.)
FLAVIO.
Ce n'est pas au comte que je désire parler. Vous paraissez mécontente, irritée... si vous le désirez, je me mettrai au piano et je jouerai quelque chose pour vous calmer.
LA COMTESSE.
La musique m'impatiente. (Elle sort par la gauche.)

SCÈNE IV.

FLAVIO, seul.

La musique m'impatiente!.. Peut-on rien dire de plus cruel à un homme qui improvise agréablement? Pauvre piano! voilà trois semaines que l'on ne t'a ouvert. Voilà trois semaines que l'on n'a eu pour moi une parole agréable. On nous néglige tous les deux, on nous accable d'humiliations, et l'on nous défend de nous plaindre. (Entre Riscara par la droite.)

SCÈNE V.

RISCARA, FLAVIO.

RISCARA.
Bonsoir, cousin, je croyais trouver la comtesse ici!
FLAVIO.
La comtesse vient de rentrer chez elle.

RISCARA.

Oh! oh! que se passe-t-il? tu as l'air tout triste...

FLAVIO.

Je suis désolé.

RISCARA.

Et pourquoi désolé?

FLAVIO.

La comtesse n'aime plus la musique...

RISCARA.

Qu'est-ce que tu m'apprends là?..

FLAVIO.

Elle n'aime plus la musique, et elle se conduit avec moi d'une façon abominable. Jamais, autrefois, elle n'eût laissé passer un jour sans me charger de quelque commission. Cousin Flavio, vous irez à tel endroit... cousin Flavio, vous m'achèterez cela... cousin Flavio, comment trouvez-vous cet éventail... et puis c'étaient de gentilles paroles... comme vous voilà bien frisé, cousin Flavio... cousin Flavio, il faudrait pourtant tâcher d'avoir de l'esprit; et moi je riais... Nous sortions toujours ensemble. Personne ne se souvenait de l'avoir vue une fois sans moi ou de m'avoir vu une fois sans elle... C'est moi qui l'accompagnais au théâtre, au bal; quand elle était forcée de me quitter pendant un instant, elle se retournait vers moi, et elle me regardait en souriant... Maintenant elle se passe de moi, elle ne me parle plus, elle n'a plus pour moi ni regard, ni sourire. Quand j'entre ici elle fronce le sourcil, et elle me laisse seul... Je suis désespéré.

RISCARA.

Et c'est à moi que tu viens te plaindre?

FLAVIO.

N'est-ce pas tout naturel?..

RISCARA.

Oui, sans doute... A Naples, ce serait tout naturel, mais ici... à Paris... ils ont de si singulières idées... ils seraient capables de rire.

FLAVIO.

N'êtes-vous pas son mari? Qui est-ce qui se chargera de mettre ordre à ce qui se passe, si ce n'est vous? A qui voulez-vous que je me plaigne?..

RISCARA.

Il est plein de candeur, ce garçon-là...

FLAVIO.

Je n'ai rien fait pour mériter un pareil traitement. Il suffit de me témoigner quelque intérêt pour lui déplaire. Cette pauvre Agatina m'était dévouée. La comtesse lui en a fait un crime. Elle l'a renvoyée et a pris une femme de chambre française.

RISCARA.

Pour ceci, cousin, tu te trompes. Cette pauvre Agatina n'a pas été renvoyée. C'est elle qui a voulu retourner en Italie.

SCÈNE V.

FLAVIO, s'asseyant à droite.

J'y retournerai, moi aussi, si vous ne vous arrangez pas de façon à remettre les choses sur l'ancien pied.

RISCARA.

Voyons, ne te fâche pas.. et... dis-moi... si la comtesse n'aime plus la musique, elle aime autre chose sans doute?

FLAVIO.

Oui, elle aime la littérature...

RISCARA.

Ah! diable et depuis quand?

FLAVIO.

Depuis le jour où ce monsieur Chastenay a mis les pieds ici.....

RISCARA.

Un homme de talent, M. Chastenay.

FLAVIO.

Du talent... un homme qui chante faux... je l'ai entendu... (Il se lève.)

RISCARA.

Cela ne fait rien, on peut chanter faux et avoir...

FLAVIO.

Mais non! mais non!.. Enfin, tout à l'heure je l'ai trouvé seul avec la comtesse; en partant il a dit qu'il reviendrait : depuis trois semaines il ne bouge pas d'ici...

RISCARA.

Diable... diable!..

FLAVIO.

Vous voyez qu'il n'y a pas de temps à perdre. Si la comtesse me traite ainsi, c'est ce monsieur Chastenay qui en est cause.

RISCARA, remontant.

Tu as peut-être raison, cousin... et je m'occuperai de cela...

FLAVIO, remontant aussi.

Il faut vous en occuper tout de suite.

RISCARA.

C'est que j'allais sortir...

FLAVIO.

Vous ne sortirez pas... Je suis votre cousin, que diable... si vous m'aimez, mes affaires doivent passer avant tout...

RISCARA.

Voyons... il y a peut-être moyen de tout arranger. (Ils redescendent.) Pendant que je vais m'occuper de tes affaires, tu vas, toi, t'occuper des miennes.

FLAVIO.

Je le veux bien...

RISCARA.

Tu vas... tâche de bien comprendre...

FLAVIO.

J'écoute...

RISCARA.

Tu vas aller au théâtre du Palais-Royal; il est huit heures et demie. Le prince Foscarini est sans doute déjà dans sa stalle. Tu te placeras de façon à ce qu'il ne t'aperçoive pas, et tu ne le perdras pas de vue. Dans la pièce que l'on va jouer il y a une petite blonde fort jolie qui se nomme Armande. Tu remarqueras si elle s'occupe du prince. La pièce finie, tu descendras. Foscarini sera en train de se promener sur l'un des deux trottoirs de la rue qui est derrière le théâtre. Tu te promèneras sur l'autre. Armande sortira par la porte des artistes et s'en ira. Tu verras si elle monte dans la voiture du prince, et tu viendras me le dire.

FLAVIO.

C'est tout?..

RISCARA.

Oui. As-tu compris? Faut-il recommencer?

FLAVIO.

C'est inutile. Je vous dirai si Armande s'en va avec le prince.

RISCARA.

Maintenant, cousin, un conseil. Tu te négliges beaucoup depuis quelque temps; ma parole d'honneur, tes cheveux sont presque en désordre.

FLAVIO.

C'est le désespoir.

RISCARA.

C'est une faute, une faute très-grave. C'est justement lorsque les femmes font mine de s'éloigner de nous, qu'il faut bien nous garder de leur donner le moindre prétexte de s'entêter dans leur éloignement. Va te faire friser, cousin, et aie confiance en moi.

FLAVIO.

Je compte sur votre promesse... (Il sort par le fond.)

SCÈNE VI.

RISCARA, seul.

La comtesse n'aime plus la musique. Elle aime la littérature, et Chastenay ne bouge pas d'ici... Y a-t-il au fond de tout cela quelque chose de sérieux? Hum! la chose vaut au moins la peine que je m'en assure... (On sonne.) C'est la comtesse qui sonne... (Entre Julie, du fond.)

SCÈNE VII.

RISCARA, JULIE.

RISCARA, près de la cheminée.

C'est vous qui êtes la nouvelle femme de chambre de madame la comtesse?

JULIE.

Oui, monsieur le comte!...

RISCARA.

Quelle mine éveillée! De quel pays êtes-vous? Êtes-vous de Paris?...

JULIE.

Non, Monsieur, je suis Champenoise...

RISCARA.

Champenoise! je ne l'aurais pas cru... Est-ce qu'il n'y a pas un proverbe?

JULIE.

Le proverbe ne regarde que les Champenois, Monsieur...

RISCARA.

Vous avez de l'esprit.

JULIE.

Je vous demande pardon, Monsieur, mais Madame a sonné.

RISCARA.

Oui, j'ai entendu. (Julie veut s'en aller; Riscara la retient du geste.) Mais... si vous n'entrez pas maintenant chez la comtesse, qu'est-ce qu'il arrivera?..

JULIE.

Madame sonnera une seconde fois, Monsieur. (On sonne.)

RISCARA.

Parfaitement deviné. (Elle veut sortir; Riscara la retient.) Et si vous ne vous occupez pas plus de ce coup de sonnette que du premier?..

JULIE.

Madame se mettra en colère et sonnera de plus belle. (On sonne avec fureur.)

RISCARA.

C'est exact... et si, malgré ce carillon, vous ne bougez pas?..

JULIE.

Il est probable que Madame se dérangera et viendra elle-même voir pourquoi je ne bouge pas... (La comtesse paraît à la porte de son appartement.)

RISCARA.

C'est merveilleux!

SCÈNE VIII.

RISCARA, LA COMTESSE, JULIE.

LA COMTESSE.

Qu'est-ce que cela signifie?..

JULIE.

Madame, je ne sais pas, c'est monsieur le comte...

RISCARA.

Oui, c'est moi qui l'ai retenue; nous causions tous les deux. Vous avez là une femme de chambre très-intelligente.

LA COMTESSE, à Julie.

Dites à Joseph de faire atteler, et attendez-moi dans ma chambre. Je sortirai tout à l'heure. (Julie entre chez la comtesse.)

SCÈNE IX.

RISCARA, LA COMTESSE.

LA COMTESSE.

Je suis bien aise de vous trouver ici, monsieur le comte, je vous croyais déjà sorti. Vous allez venir avec moi, je suppose. (Elle s'assied sur le canapé.)

RISCARA.

Où m'emmenez-vous, comtesse?

LA COMTESSE.

Chez ma cousine. Elle est forcée de garder le lit. Elle me l'a fait dire... Vous ne répondez pas...

RISCARA.

Je ne sais pas si vous l'avez remarqué, mais toutes les fois que madame de Rouvray, se disant malade, nous prie de passer chez elle, c'est pour nous demander de l'argent...

LA COMTESSE.

Et quand cela serait... Lui ferez-vous un crime d'avoir été ruinée par son mari?

RISCARA.

Hum! les morts ont bon dos; Rouvray n'est pas là pour se défendre. Au train dont y va sa veuve, je serais plutôt tenté de croire que c'est elle...

LA COMTESSE.

Est-ce là l'affection que vous portez à ma famille?..

RISCARA, en riant.

Pourquoi m'intéresserais-je à votre famille? Vous n'avez pas pitié de la mienne...

LA COMTESSE.

Comment?

RISCARA, passant devant elle.

Ce pauvre Flavio, il paraît que vous le traitez bien. Tout à l'heure, je l'ai trouvé là... accoudé dans une pose pleine de mélancolie... il aurait attendri des tigres *. (La comtesse fait un geste d'humeur.) Ah! comtesse, un garçon qui s'était fait l'esclave de vos moindres caprices! un garçon qui a de si beaux cheveux noirs, de si belles dents, qui s'habille si bien... qui touche si agréablement du piano, et qui, lorsqu'il improvise... ma parole d'honneur! je ne sais comment il s'y prend, mais lorsqu'il improvise, il a l'air inspiré.

LA COMTESSE.

Mais il est inepte...

* La comtesse, Riscara.

SCÈNE IX.

RISCARA.

Oh! j'avoue que dans la conversation... mais comptez combien je viens d'énumérer de qualités qui pourraient m'inquiéter! il faut bien lui permettre d'avoir un petit défaut qui me rassure... Tenez, comtesse, je viens vous proposer un arrangement. Je ferai quelque chose pour votre cousine, faites quelque chose pour mon cousin...

LA COMTESSE.

Quoi donc?

RISCARA.

Remettez-vous à aimer la musique...

LA COMTESSE.

Eh! qui vous dit que je n'aime plus?

RISCARA.

Autrefois, quand vous aviez entendu une romance, vous vous rappeliez toujours l'air et jamais les paroles... C'est tout le contraire aujourd'hui...

LA COMTESSE.

Que voulez-vous dire, Monsieur?

RISCARA, s'asseyant entre la table et le canapé.

Moi? rien. Laissons cela. Vous souvenez-vous, Henriette, de notre première rencontre? C'était à Naples, chez la princesse Pozzia; il se fit à votre entrée un murmure d'admiration. Ce fut un vertige général... moi-même, qui pourtant ne suis guère prompt à l'enthousiasme, je fus ébloui, fasciné, et je fis pour vous tout ce qu'il m'était possible de faire à mon âge... je vous épousai...

LA COMTESSE.

Comment, Monsieur...

RISCARA.

Je vous donne bien ma parole que si j'avais eu vingt ans de moins... mais je n'avais pas vingt ans de moins; donc, je vous épousai, et je vins avec vous à Paris. Là, ce fut bien un autre tapage. Vos perfections furent mises dans les journaux; pendant huit jours on ne s'occupa que de vous. Vous me rendrez cette justice, que je contemplai tous vos triomphes d'un œil fort calme. Je vous laissai bien tranquillement jouer votre rôle de jolie femme, et je ne dis rien... mais aujourd'hui...

LA COMTESSE.

Vous commencez à avoir peur?

RISCARA.

Peur?.. et de quoi voulez-vous que j'aie peur, puisque c'est vous qui êtes ma femme? Non, comtesse, je n'ai pas peur, pour moi, du moins... Mais n'ai-je à m'occuper que de moi? ne dois-je pas songer à vous? ne suis-je pas votre meilleur ami?..

LA COMTESSE.

Je ne vous comprends pas du tout...

RISCARA.

Tant qu'il ne s'est agi que des victimes ordinaires de la coquetterie, je n'ai pas soufflé mot. Aujourd'hui, je vous vois vous attaquer à un homme de talent, et je suis obligé de vous dire : « Prenez garde ! » A ce jeu-là, vous jouez votre tranquillité ; vous ne savez pas ce que c'est qu'un homme de talent ! C'est une femme... et une femme cent fois plus femme que vous, qui l'êtes bien, cependant ! C'est une coquette, et le ciel vous préserve, comtesse, de savoir par vous-même ce que c'est qu'une coquette. Vous pensez que les choses vont se passer comme avec tous ceux que vous vous êtes amusée à désespérer? c'est une erreur. Ici, les rôles seront changés. Pendant que vous calculerez ce que les attentions d'un homme comme lui peuvent ajouter à votre réputation de femme à la mode, lui calculera ce que vos imprudences peuvent ajouter d'éclat à la célébrité de son nom. Vous serez pour lui quelque chose comme une réclame, comme une louange un peu plus irritante que les autres, comme une flatterie de plus ajoutée à toutes les flatteries qui caressent son orgueil. Vous ne tarderez pas à vous en apercevoir ; de là des mécomptes, des tourments que je voudrais vous épargner. Habituée à être l'astre autour duquel tout se meut, tout s'agite, vous vous indignerez de ne plus être qu'un rayon dans la gloire d'un autre ; vous vous piquerez au jeu, à tout prix vous voudrez triompher... Le jour où vous vous flatterez d'avoir réussi, où vous penserez l'avoir fixé, où vous le croirez tout à vous... il s'occupera de l'effet qu'il produit sur votre femme de chambre !

LA COMTESSE.

Sur ma femme de chambre?

RISCARA.

Oui, comtesse, sur votre femme de chambre, et, pour peu que votre femme de chambre lui fasse un signe... ou paraisse ne pas faire attention à lui, il ne manquera pas de vous quitter pour aller à elle.

LA COMTESSE.

Par exemple !

RISCARA.

Vous ne me croyez pas? Vous avez tort. Les hommes de talent sont ainsi faits pour la plupart. Cela ne les empêche pas d'être sublimes à leurs heures.

LA COMTESSE, se levant.

Me faire croire que ma femme de chambre...

RISCARA.

Cela vous indigne bien ! L'autre jour, au moment où vous montiez en voiture, un lourdaud qui passait a laissé tomber je ne sais quel compliment ; n'avez-vous pas souri?

LA COMTESSE.

Moi, pas du tout...

RISCARA.

Si fait!..

SCÈNE X.

LA COMTESSE.

Je vous dis que non!..

RISCARA.

Je vous demande bien pardon, vous avez souri. Un compliment, pour une jolie femme, est toujours un compliment... C'est absolument la même chose pour les hommes de talent... Ils ne classent les femmes que selon le plus ou moins d'admiration qu'elles paraissent éprouver pour eux. (En riant.) Croyez-moi, comtesse, vous faites fausse route : Chastenay n'est pas du tout l'adorateur qui vous convient. Ce pauvre Flavio était bien mieux.

LA COMTESSE, passant devant lui.

C'est là que vous vouliez arriver? Je ne sais quels rapports on a pu vous faire *...

RISCARA.

Des rapports... Oh! comtesse!.. (Il se lève.)

LA COMTESSE.

Si vous teniez à savoir la vérité, il fallait m'interroger tout simplement. Ces détours étaient inutiles; M. Chastenay m'a promis un autographe et ne me l'a pas donné. Toutes les fois qu'il vient ici je le lui réclame, et il me le promet pour le lendemain, il n'y a pas autre chose. Vous voyez que cela ne valait pas tant de paroles, vous auriez pu me faire grâce d'une tirade... qui eut peut-être été spirituelle sans ce détail ridicule de la femme de chambre, détail qui a tout gâté. (Elle remonte.)

RISCARA.

Vous y revenez bien souvent... à cette femme de chambre... vous me donneriez envie de vous prouver que j'ai dit la vérité.

LA COMTESSE.

Cela est inutile. Je vous demande pardon ; mais vous savez que je désire sortir. (Elle sort par la gauche.)

SCÈNE X.

RISCARA.

Elle est fâchée, et elle se sauve!... Hum ! je ne croyais pas les choses si avancées. Il faut se défier de ces poëtes ; au théâtre, ils débitent une foule de niaiseries pour rassurer les gens; le héros qu'ils mettent en scène se contente d'une petite fleur des champs ou de toute autre bagatelle également insignifiante. Mais dans la vie réelle, ces messieurs ne se gênent pas pour mettre leurs vers en prose, et la petite fleur des champs subit des métamorphoses inquiétantes. (Rentre Julie.)

* Riscara, la comtesse.

SCÈNE XI.

JULIE, RISCARA.

RISCARA.

C'est vous, déjà !... La comtesse ne vous a pas gardée longtemps.

JULIE.

Madame m'a demandé un châle et un chapeau, je les lui ai donnés; elle m'a dit qu'elle avait changé d'avis et qu'elle ne sortirait pas.

RISCARA.

Tout à l'heure elle voulait... maintenant elle ne veut plus... Diable !... voilà des symptômes...

JULIE.

Je ne sais pas ce qu'a Madame... elle ne m'avait pas encore parlé comme elle vient de le faire... je n'ai rien fait, cependant...

RISCARA, à part.

Ah ! oui, la femme de chambre... Il paraît décidément qu'elle ne peut pas digérer... C'est par là qu'il faut attaquer l'ennemi. (Il s'assied à droite. — Haut.) Vous connaissez M. Chastenay?

JULIE.

Sans doute, Monsieur.

RISCARA.

Il vient ici assez souvent pour cela... Êtes-vous bien ensemble?

JULIE.

Très-bien, Monsieur; il ne manque jamais de me dire quelque chose d'agréable quand il me rencontre.

RISCARA.

A merveille !

JULIE.

Et puis il m'a donné un billet pour aller voir sa comédie.

RISCARA, à part.

Intrigant ! (Haut.) Et vous êtes-vous amusée au théâtre ?

JULIE.

Oh! beaucoup, Monsieur, il y a surtout le moment où la femme...

RISCARA, se levant.

Il est inutile de me raconter la pièce.

JULIE.

C'est très-amusant !

RISCARA.

L'avez-vous remercié, M. Chastenay ?

SCÈNE XI.

JULIE.

Je n'en ai pas encore eu le temps, c'est seulement hier soir qu'il m'a donné le billet.

RISCARA.

M. Chastenay viendra ici tout à l'heure, vous le remercierez.

JULIE.

Oui, Monsieur.

RISCARA.

Vous lui parlerez du plaisir que vous avez éprouvé, de l'admiration que vous inspire son talent; vous lui ferez toutes sortes de compliments.

JULIE.

Des compliments, Monsieur?

RISCARA.

Des compliments, beaucoup de compliments.

JULIE.

Et qu'est-ce que vous voulez que cela fasse à M. Chastenay, des compliments venant de moi?

RISCARA.

Cela ne lui fera pas grand'chose assurément, si vous lui adressez des compliments ordinaires; mais je ne parle pas de compliments ordinaires, il faudra des compliments à tout casser!..

JULIE.

Mais, Monsieur...

RISCARA.

Vous commencerez par vous écrier : C'est sublime!... c'est divin!... Une fois partie de là, vous irez toujours en augmentant!

JULIE.

Il croira que je me moque de lui!

RISCARA.

Il n'y a pas de danger. Quand vous lui aurez dit... tout ce que vous trouverez à lui dire, vous lui...

JULIE.

Je lui...

RISCARA.

Voyons, regardez-moi un peu... Bah! vous êtes assez jolie pour qu'on puisse risquer cela... vous lui prendrez la main et vous la lui embrasserez.

JULIE.

Vous dites?...

RISCARA.

Vous lui embrasserez la main; la chose faite, je vous donnerai vingt-cinq louis.

JULIE.

Mais comment m'y prendrai-je, Monsieur?

RISCARA.

Comme vous voudrez; cela vous regarde. Embrassez-lui la main, et vous aurez cinq cents francs.

JULIE.

Pardon, vous avez dit six cents.

RISCARA.

J'ai dit vingt-cinq louis.

JULIE.

En Champagne, Monsieur, les louis sont encore de vingt-quatre livres...

RISCARA.

Ah bah!

JULIE.

Nous sommes fort arriérés, en Champagne.

RISCARA.

Je m'en aperçois... (En riant.) Ah! vous êtes bien la femme qu'il faut, vous!... Embrassez-lui la main, vous aurez vos six cents francs... (Il rentre chez lui.)

SCÈNE XII.

JULIE.

Six cents francs pour lui embrasser la main... (Après un instant de réflexion, elle court à la porte par laquelle le comte est sorti.) Si je lui embrasse les deux, est-ce que j'aurai le double? (Entre Chastenay par le fond.)

SCÈNE XIII.

CHASTENAY, JULIE.

CHASTENAY.

Eh! bonsoir, Julie.

JULIE, à part.

C'est lui! (Haut.) Bonsoir, Monsieur. (A part.) Je ne peux pourtant pas me précipiter... (Haut.) Ah! Monsieur!... (A part.) Non!...

CHASTENAY.

Que diable avez-vous? vous avez un air...

JULIE.

J'ai à faire quelque chose qui est fort difficile, Monsieur...

CHASTENAY.

Est-ce que je puis vous aider?

JULIE.

Vous?

CHASTENAY.

Oui, moi...

SCÈNE XIII.

JULIE.
Dame! Monsieur. Oh! non, c'est impossible.
CHASTENAY.
Tant pis, je me serais très-volontiers mis à votre disposition.
JULIE, à part.
Je ne peux vraiment pas lui demander...
CHASTENAY.
Voulez-vous aller dire à madame la comtesse que je suis ici?
JULIE.
Oui, Monsieur. (A part, en remontant.) Décidément ce n'est pas commode *.
CHASTENAY.
Eh bien! vous ne bougez paz?
JULIE, redescendant.
Monsieur, j'ai à vous remercier du billet que vous m'avez donné.
CHASTENAY.
Oh! ce n'est rien.
JULIE.
Si fait, Monsieur... Je me suis beaucoup amusée.
CHASTENAY.
Avec qui êtes-vous allée au théâtre? avec votre amoureux?
JULIE.
Monsieur, ne me dites pas cela.
CHASTENAY.
Et pourquoi? vous êtes assez jolie, assurément, pour avoir...
JULIE.
Ne me dites pas cela, Monsieur; si un autre que vous me le disait, je ne sais pas quel effet cela me ferait; mais vous...
CHASTENAY.
Je n'ai pas voulu vous faire de la peine...
JULIE.
Je suis allée au théâtre avec une amie à moi.
CHASTENAY.
C'est très-bien.
JULIE.
Une singulière femme, que mon amie, allez, Monsieur. Figurez-vous qu'elle ne cessait de me faire des questions sur vous. Comment est-il? Comment parle-t-il? Comment marche-t-il? Est-il possible qu'un homme qui fait de pareilles choses, parle et marche comme tout le monde!
CHASTENAY.
Vraiment!
JULIE.
Si vous l'aviez vue pendant la pièce, le cou tendu... les yeux... (A part.) Où met-il donc sa main? (Continuant.) Les yeux tout

* Julie, Chastenay.

grands ouverts... et là... au moment où ce gros qui est si drôle... vous savez...

CHASTENAY.

Oui, quand il s'aperçoit que sa femme...

JULIE.

Justement... elle s'est mise à rire, mais à rire... on s'est retourné, Monsieur; et à la fin, comme elle a applaudi... elle avait les mains dans un état... c'était tout rouge depuis là jusque... donnez-moi votre main, je vous montrerai...

CHASTENAY, retirant sa main.

C'est inutile. (Il remonte et va s'asseoir sur le canapé, étendant son bras gauche sur le dossier.)

JULIE, à part.

Manqué *! (Haut.) En revenant, les questions ont recommencé de plus belle... Ne me suppliait-elle pas de l'amener ici et de la cacher quelque part pendant que vous y seriez ! Si je pouvais le voir, me disait-elle... si je pouvais toucher sa main... (Elle fait un geste, Chastenay retire sa main et s'arrange les cheveux. — A part.) Manqué encore ! Allons, ce n'est pas commode, pas commode du tout. (Haut.) Je vais prévenir ma maîtresse...

CHASTENAY.

Eh ! dites-moi ?..

JULIE, revenant.

Quoi, Monsieur ?

CHASTENAY.

Quelle femme est-ce, que votre amie ?..

JULIE.

C'est une femme très-intelligente, Monsieur.

CHASTENAY.

Oui, oui, j'entends... mais, quel âge a-t-elle ?..

JULIE.

A peu près le même âge que moi.

CHASTENAY.

Et sa figure ?..

JULIE.

Oh ! Monsieur, elle a tant d'esprit, qu'on ne s'aperçoit pas qu'elle est laide.

CHASTENAY.

Ah ! elle est...

JULIE.

Dame ! oui, Monsieur. Et comme elle est grêlée, avec cela...

CHASTENAY.

Grêlée ! c'est fâcheux. Allez dire...

JULIE.

Mais, c'est égal, je consentirais volontiers à ne pas être plus jolie qu'elle, à la condition d'avoir l'esprit qu'elle a...

* Chastenay, Julie.

SCÈNE XIII.

CHASTENAY, se levant.

Mais vous n'êtes pas sotte, vous, il s'en faut.

JULIE.

Ah! si... Monsieur, je ne m'en fais pas accroire... Ainsi, hier, tenez, pendant qu'on jouait votre pièce, il ne me venait pas, comme à mon amie, des expressions pour dire ce que je sentais. Quand j'avais dit : Mon Dieu, que c'est beau ! Mon Dieu, que c'est admirable!..

CHASTENAY.

Vous disiez cela !..

JULIE.

Oui ; mais une fois cela dit, je ne trouvais plus rien...

CHASTENAY.

C'était assez.

JULIE.

Oh! que non... Je suis bien sûre que vous, vous auriez trouvé autre chose.

CHASTENAY, riant.

Moi, par exemple!..

JULIE.

C'est que vous avez de l'esprit, vous... encore plus que mon amie... tandis que moi... Ah! l'esprit! que c'est beau, l'esprit, Monsieur, que c'est beau!... Quand je songe que vous, qui me parlez, qui êtes là devant moi, c'est vous qui... Je ne sais pas, moi, je perds la tête, je... Comment faites-vous, Monsieur, pour faire vos pièces de comédie?..

CHASTENAY.

Comment je fais?..

JULIE.

Oui, Monsieur...

CHASTENAY.

Mais je prends du papier, une plume, de l'encre, et j'écris.

JULIE.

Vous écrivez...

CHASTENAY.

Mon Dieu, oui...

JULIE.

Avec la main ?..

CHASTENAY.

Naturellement...

JULIE.

Avec laquelle, Monsieur?..

CHASTENAY.

Avec celle-ci...

JULIE.

Ainsi, c'est là la main ?.. (Elle lui prend la main; il se laisse faire.)

CHASTENAY.

Drôle de fille !..

JULIE.

C'est là la main qui a écrit... (Elle la porte vivement à ses lèvres.) Ah! pardonnez-moi, Monsieur...

CHASTENAY.

Hem?

JULIE, à part.

Enfin, mais ça valait mille francs!.. (Elle s'éloigne. — Entre la comtesse.)

SCÈNE XIV.

LA COMTESSE, CHASTENAY, JULIE.

LA COMTESSE, à Chastenay.

Comment, vous êtes ici!..

CHASTENAY.

Je viens d'arriver... et je priais Julie...

JULIE.

Oui, j'allais aller prévenir Madame.

LA COMTESSE, à Julie.

C'est bien, laissez-nous...

JULIE, à part.

Allons retrouver M. le comte!... (Elle sort par la droite.)

SCÈNE XV.

LA COMTESSE, CHASTENAY.

CHASTENAY, à part.

Parbleu!.. voilà une aventure!

LA COMTESSE.

Vous n'êtes pas resté longtemps à ce bal!

CHASTENAY.

'Le temps de valser avec le ministre; il valse très-bien... et de glisser un mot à l'oreille de sa femme.

LA COMTESSE.

Vous dites!..

CHASTENAY.

Non, c'est dans l'oreille de sa femme que j'ai glissé un mot... et c'est avec le ministre que j'ai...

LA COMTESSE.

Vous n'avez pas la tête bien à vous.

CHASTENAY.

Pardonnez-moi...

LA COMTESSE.

C'est à mon autographe que vous pensez...

CHASTENAY.

Justement!

SCÈNE XV.

LA COMTESSE.
Est-ce qu'il était beau, ce bal?

CHASTENAY.
Ce bal... oui, il était superbe.

LA COMTESSE.
Je regrette de ne pas y être allée...

CHASTENAY.
Vous aimez le monde, comtesse?

LA COMTESSE.
Mais sans doute...

CHASTENAY.
Vous aimez le monde... au fait c'est tout naturel... vous... vous devez l'aimer.

LA COMTESSE.
Vous ne l'aimez pas, vous?..

CHASTENAY.
Le jour où je voudrai rencontrer un sentiment vrai... profond, sérieux... ce n'est certainement pas dans le monde que j'irai le chercher.

LA COMTESSE.
Et pourquoi cela?

CHASTENAY.
Donner peu pour recevoir beaucoup... les gens du monde ne suivent pas d'autre maxime dans ce qu'ils appellent un commerce d'amitié... commerce... commerce est bien dit, et quand ce n'est pas d'amitié qu'il s'agit... quand il s'agit de... Ah! comtesse, comtesse, savez-vous comment j'aurais voulu être aimée... si j'avais été femme!..

LA COMTESSE.
Je ne m'en doute pas, mais je serais enchantée de le savoir.

CHASTENAY.
J'aurais voulu être aimée par un homme à qui une position inférieure eût interdit toute espèce d'espoir, par un homme qui eût fait de moi le but unique de toutes ses pensées, sachant bien que jamais il n'aurait le droit de me demander une seule des miennes.

LA COMTESSE.
Mais, c'est absurde, ce que vous me dites là...

CHASTENAY.
Mais non, non, et j'avoue que si un jour cet homme, oubliant toute retenue, s'était laissé emporter jusqu'à laisser paraître cet amour... Eh bien! j'aurais été singulièrement flattée et heureu...se, si j'avais été femme!..

LA COMTESSE.
C'est absurde, et puis, c'est inconvenant.

CHASTENAY.
Ah! vous ne pouvez pas me comprendre.

LA COMTESSE.
Je vous suis bien obligée... (Entre Riscara de chez lui.)

SCÈNE XVI.

CHASTENAY, LA COMTESSE, RISCARA.

LA COMTESSE, à Riscara en allant au-devant lui.

Vous auriez dû arriver cinq minutes plus tôt, M. Chastenay était en train de me dire des énormités.

RISCARA, s'approchant de Chastenay.

Bonsoir, cher poëte.

CHASTENAY.

Bonsoir, monsieur le comte ; je suis venu pour avoir des nouvelles de madame de Rouvray...

LA COMTESSE, qui a passé derrière la table *.

Mon Dieu, je ne suis pas encore allée chez elle.

RISCARA, à la comtesse.

Nous irons tout de suite, si vous le voulez ?

LA COMTESSE.

Vous venez avec moi ?..

RISCARA.

Mais oui, il faut bien que je sois bon pour votre famille... quand ce ne serait que pour vous apprendre à avoir pitié de la mienne.

LA COMTESSE.

Allons, ne gâtez pas votre bonne action ; car vous savez que c'est sans doute une bonne action.

RISCARA.

Je le sais, et je vous remercie de m'y associer. « Quand le diable eût créé l'or pour nous perdre, Dieu, pour nous sauver, créa la charité. » (A Chastenay.) N'est-ce pas vous qui avez dit cette jolie phrase ?..

CHASTENAY.

Oui, c'est moi.

RISCARA.

Je l'ai lue dans un album.

LA COMTESSE.

Et mon autographe... à propos, je ne l'aurai donc jamais ?

RISCARA.

Si fait... il me vient une idée...

LA COMTESSE.

Quelle idée ?

RISCARA.

Il ne nous faut pas grand temps pour aller chez madame du Rouvray, et pour revenir. Nous allons laisser monsieur Chastenay seul, ici.

* Chastenay, Riscara, la comtesse.

CHASTENAY.

Seul?..

LA COMTESSE.

Est-ce que vous avez peur?..

RISCARA.

Il y a là du papier, de l'encre... et des plumes... (Il les regarde.) toutes neuves... Tenez ; ce sera bien le diable si avant que nous soyons revenus vous n'avez pas le temps d'improviser quelque chose de charmant...

LA COMTESSE.

L'idée est très-bonne. (A Chastenay.) Vous allez rester ?

CHASTENAY.

Ma foi, je veux bien.

RISCARA.

Et nous... partons!

LA COMTESSE.

Attendez un instant. (A Chastenay.) Monsieur, voulez-vous avoir la bonté de sonner pour que Julie vienne.

CHASTENAY.

Julie?..

LA COMTESSE.

Mais... oui, ma femme de chambre... Qu'est-ce que vous avez donc?..

CHASTENAY.

Moi, je n'ai rien... (Il sonne à la cheminée, puis va à la comtesse.)

SCÈNE XVII.

RISCARA, JULIE, CHASTENAY, LA COMTESSE.

JULIE.

Madame a sonné?..

LA COMTESSE.

Donnez-moi le châle et le chapeau qui sont dans la chambre.

JULIE.

Oui, Madame. (Julie passe près du comte.)

RISCARA.

Julie!

JULIE.

Monsieur?

RISCARA.

Cassez quelque chose...

JULIE.

Mais, je n'ai rien sous la main.

RISCARA.

Prenez quelque chose sur la cheminée, et cassez...

JULIE.

Bien, Monsieur *. (En passant près de la cheminée, elle prend un vase, et le laisse tomber.)

LA COMTESSE.

Hein! qu'est-ce que c'est?

JULIE.

Madame, je ne sais comment cela s'est fait, c'est en passant... j'ai accroché...

LA COMTESSE **.

Vous êtes d'une maladresse...

RISCARA.

Mon Dieu, c'est un malheur ***.

LA COMTESSE.

Voilà mes deux vases dépareillés; jamais on n'en trouvera un semblable.

CHASTENAY, dans une violente agitation.

Pauvre enfant, c'est le trouble...

LA COMTESSE, en riant.

Mais, qu'est-ce que vous avez donc à vous promener comme cela, et à laisser traîner vos mains sur tous les meubles?

CHASTENAY.

Mes mains!... (Il fait un geste très-vif comme pour les cacher. Julie entre chez la comtesse.)

LA COMTESSE.

Décidément... vous avez quelque chose...

CHASTENAY.

Mais non, je vous jure, rien du tout! (Rentre Julie avec le châle et le chapeau.)

JULIE.

Voici, Madame... (Elle lui donne son châle et son chapeau; et va pour ramasser les morceaux.)

RISCARA, qui est assis sur le fauteuil près de la cheminée, bas à Julie.

Cassez l'autre...

JULIE.

Mais, Monsieur...

RISCARA.

Cassez, vous dis-je...

JULIE.

Je veux bien, Monsieur. (Elle prend le second vase et le laisse tomber.)

LA COMTESSE.

Encore!

JULIE.

Madame, en vérité, je ne sais pas ce que j'ai aujourd'hui, Madame, je suis d'une maladresse...

* Julie, Riscara, Chastenay, la comtesse.
** Julie, Riscara, la comtesse, Chastenay.
*** Riscara, Julie, la comtesse, Chastenay.

RISCARA.
C'est vrai, vous êtes bien maladroite !
LA COMTESSE.
Mes deux jolis vases !...
RISCARA.
Si jolis, en effet, qu'il eût été impossible d'en trouver un pareil à celui qui restait ; mais il me sera très-facile de vous en trouver deux autres...
CHASTENAY, à part.
Pauvre enfant! pauvre enfant!
RISCARA.
Partons-nous ?
LA COMTESSE.
Oui. (A Chastenay.) J'espère que cette fois je le tiens, ce malheureux autographe. (A Julie.) Vous, enlevez ces morceaux... (Ils sortent par le fond.)

SCÈNE XVIII.

JULIE, CHASTENAY.

(Moment de silence. Julie lève timidement les yeux et les baisse aussitôt. Chastenay est excessivement troublé.)

JULIE.
Je suis bien maladroite, Monsieur.
CHASTENAY.
Ce n'est pas de votre faute.
JULIE.
Je ne suis pas tous les jours comme cela.
CHASTENAY.
La comtesse vous a parlé d'une manière...
JULIE.
Vous l'avez remarqué ?..
CHASTENAY.
Oui, c'est ce qui vous a troublée, c'est ce qui vous a fait casser...
JULIE.
Oui, c'est ce qui m'a fait casser le second vase; mais pour le premier, comme Madame ne m'avait encore rien dit, ce n'est pas cela.
CHASTENAY.
C'est autre chose?...
JULIE.
Oui, Monsieur.
CHASTENAY, à part.
Le diable m'emporte ! qu'est-ce que j'ai donc?
JULIE, lui montrant les morceaux de porcelaine qui sont sur le tapis.
Il faut que je ramasse tout cela, Monsieur.

CHASTENAY.

Je vais vous aider.

JULIE.

Vous! oh! non, Monsieur.

CHASTENAY.

Mais si *.

JULIE.

Monsieur, je ne souffrirai pas.

CHASTENAY.

Je le veux absolument.

JULIE.

Laissez-moi faire, Monsieur, j'aurai bientôt fini. (Elle se met à genoux et commence à ramasser.)

CHASTENAY.

Je vous dis que je veux vous aider. (Il se met aussi à genoux.)

JULIE.

Ah! Monsieur.

CHASTENAY.

Ah! Julie. (Ils sont agenouillés en face l'un de l'autre et se regardent pendant quelque temps.)

JULIE.

Monsieur, voulez-vous me permettre de vous donner un conseil ?

CHASTENAY.

Sans doute.

JULIE.

Défiez-vous de monsieur le comte.

CHASTENAY.

Et pourquoi ?

JULIE.

Il est homme à vous jouer quelque vilain tour...

CHASTENAY.

Mais à quel propos ?

JULIE.

Il n'a l'air de rien, mais il a de bons yeux.

CHASTENAY.

Qu'est-ce que cela peut me faire ?

JULIE.

Défiez-vous...

CHASTENAY.

Le comte ne peut rien voir qui lui donne le droit de...

JULIE.

Cela ne me regarde pas, ce que je vous en dis, moi...

CHASTENAY.

Est-ce que par hasard vous, vous croiriez ?...

JULIE.

Ce que je crois importe peu...

* Chastenay, Julie.

SCÈNE XVIII.

CHASTENAY.
Mais cela importe beaucoup au contraire, et je vous...

JULIE.
Tenez, Monsieur, il y a là-bas un petit morceau que vous n'avez pas aperçu.

CHASTENAY.
Vous avez pu croire... (Il se penche pour atteindre le petit morceau.) En voilà un qui est difficile... Vous avez bien tort... Je n'y arriverai pas... Vous avez bien tort de croire... (Il se met à quatre pattes et finit par prendre le morceau de porcelaine.) Enfin, le voici.

JULIE.
Merci, Monsieur... (Elle se relève.)

CHASTENAY, se relevant aussi.
Le comte n'a aucun motif de m'en vouloir : voilà la vérité, si vous croyez autre chose, vous avez tort !

JULIE, en souriant.
Je vais porter cela dans ce cabinet, Monsieur. (Elle entre un moment à gauche, au fond.)

CHASTENAY.
Assurément, elle n'était pas née pour être femme de chambre ; il y a en elle je ne sais quoi... (Rentre Julie *.)

JULIE.
Ah! Monsieur.

CHASTENAY.
Ah ! Julie.

JULIE.
Ce livre que Madame lisait l'autre jour, un livre rouge... c'est de vous, n'est-ce pas?

CHASTENAY.
Oui, je crois.

JULIE.
Ah! Monsieur, comme je voudrais savoir lire!...

CHASTENAY.
Comment, vous ne savez pas?

JULIE.
Hélas! non.

CHASTENAY.
Vous ne savez pas lire?...

JULIE.
Vous voyez que je ne suis qu'une pauvre fille, et que mon admiration ne signifie pas grand'chose... mais j'apprendrai à lire pour lire ce que vous avez écrit.

CHASTENAY.
Ah! croyez-vous que j'aie jamais reçu un compliment qui valût cette simple phrase?

* Julie, Chastenay.

JULIE.

Oui, j'apprendrai... Est-ce qu'il me faudra beaucoup de temps?

CHASTENAY.

Oh! non, une personne comme vous...

JULIE.

Si cela dépendait seulement de moi, j'aurais peur; mais cela doit beaucoup dépendre du professeur.

CHASTENAY.

Sans doute.

JULIE.

Ah! Monsieur, si j'osais...

CHASTENAY.

Quoi donc?

JULIE.

Mais vous ne voudrez pas... et cependant cela vaudrait mieux que dix, que vingt, que trente leçons d'un autre.

CHASTENAY.

Que voulez-vous dire? Expliquez-vous.

JULIE.

Non, jamais je n'oserai vous proposer de...

CHASTENAY.

Ah! je crois que je devine.

JULIE.

Si vous-même...

CHASTENAY.

Moi!...

JULIE.

Il y a là du papier... vous écririez, et moi à mesure... il me semble qu'en un instant je saurais...

CHASTENAY.

Pourquoi pas?... puisque c'est pour me lire...

JULIE.

Vous consentez?

CHASTENAY.

Très-volontiers.

JULIE.

Merci, Monsieur.

CHASTENAY.

Venez vous asseoir là.

JULIE.

Là?...

CHASTENAY.

Oui... là... près de moi... (Il avance une chaise; elle s'assied près de lui, à droite de la table.)

JULIE.

Ah! Monsieur!

SCÈNE XVIII.

CHASTENAY.

Ah! Julie... Voyons, je ne sais pas trop comment m'y prendre, moi... ce sont mes débuts dans l'enseignement.

JULIE.

Monsieur, il faudra y mettre de la patience...

CHASTENAY.

Ne craignez rien... Connaissez-vous vos lettres?...

JULIE.

Oh! oui!

CHASTENAY.

Alors, cela ira tout seul. (Il prend la plume et écrit.) Tenez, vous voyez ce que j'écris là?...

JULIE.

C'est un b, Monsieur, un b et un a...

CHASTENAY.

Oui, b et a... b devant a fait ba... b... a... ba.

JULIE.

Bien, Monsieur... b... a... ba.

CHASTENAY.

C'est cela... (Écrivant.) B et é font bé.

JULIE.

Bé...

CHASTENAY.

Oui, bé. Redites un peu b... a.

JULIE.

Ba.

CHASTENAY.

B... é...

JULIE.

Bé... Ba, bé.

CHASTENAY.

Cela marche à merveille.

JULIE.

Je suis bien contente de m'être décidée; plus tard... il eût peut-être été trop tard, tandis que maintenant...

CHASTENAY.

Quel âge avez-vous?

JULIE.

Dix-huit ans.

CHASTENAY.

C'est le bel âge pour apprendre.

JULIE.

A lire?

CHASTENAY.

Oui.

JULIE.

B, a, ba... b, é, bé...

CHASTENAY.

C'est parfait!

JULIE.

Ah! que je serai contente quand je pourrai faire comme Madame... et lire dans le livre rouge, moi aussi,..

CHASTENAY.

Chère enfant!

JULIE.

Dépêchons-nous, Monsieur.

CHASTENAY.

Dépêchons-nous. B et i font bi. B, i, bi.

JULIE.

B, i, bi... Ba, bé, bi.

CHASTENAY, tendrement.

Ba, bé, bi.

JULIE.

Monsieur, ne me regardez pas comme cela... Si vous me regardez comme cela, j'oublierai tout ce que vous m'avez dit... et il faudra recommencer.

CHASTENAY.

Nous recommencerons...

JULIE.

Ah! c'est inutile.

CHASTENAY.

Où en étions-nous? b...é, bi... b...i, bo...

JULIE.

Eh! non, Monsieur, vous vous trompez...

CHASTENAY.

Comment!..

JULIE.

Vous dites b...é, bi, c'est b...é, bé, b...i, bi.

CHASTENAY.

Vous avez raison, je m'embrouille... moi, b...i, bi, b et o font bo, b...o, bo.

JULIE.

B...o, bo, ba bé bi bo... Comme c'est drôle d'apprendre à lire, ça me fait un effet... ba bé bi bo... C'est égal, je vous ai prévenu... vous feriez bien de vous défier de monsieur le comte.

CHASTENAY.

Mais quand je vous dis...

JULIE.

Je sais bien que vous avez assez d'esprit pour vous défendre... Mais vous n'ignorez pas qu'il y a des occasions où, malgré tout son esprit, un homme...

CHASTENAY.

Vous riez?..

JULIE.

Moi, je ne ris pas... ba bé bi bo; continuons.

CHASTENAY.

B et u font bu, b...u, bu.

JULIE.
B...u, bu, ba bé bi bo bu. C'est bien cela, n'est-ce pas?...
CHASTENAY.
Oui, c'est cela. Ah! Julie.
JULIE.
Ah! Monsieur... Il me semble que la porte vient de s'ouvrir.
CHASTENAY.
Oui, je crois.
JULIE.
Ah! c'est Madame... (Elle se sauve chez le comte. En se sauvant, elle emporte le papier sur lequel Chastenay a écrit.)

SCÈNE XIX.

CHASTENAY.

Mon Dieu! jamais je n'ai rien éprouvé de semblable... (Entre la comtesse.)

SCÈNE XX.

LA COMTESSE, CHASTENAY.

LA COMTESSE.
Eh bien! et cet autographe?...
CHASTENAY.
L'autographe!.. Ma foi, je vous demande pardon, je n'ai encore rien trouvé...
LA COMTESSE.
Oh! oh! rien encore?... il faut prendre garde... cela commence à devenir inquiétant.
CHASTENAY.
Vous savez, comtesse... il y a des jours où l'on n'est pas...
LA COMTESSE.
Voyons, ce n'est qu'un excès de modestie, sans doute. Montrez-moi toujours ce que vous avez écrit...
CHASTENAY.
Mais... je n'ai rien écrit!...
LA COMTESSE, se contenant pour ne pas éclater de rire.
Rien?...
CHASTENAY.
Rien du tout...
LA COMTESSE.
Vraiment?...
CHASTENAY.
Qu'est-ce que vous avez à rire?...

LA COMTESSE.

Je ris... je ris... parce que vous me dites que vous n'avez rien écrit. Mais les plumes... elles étaient toutes neuves... et regardez... (Elle lui montre la plume tachée d'encre.)

CHASTENAY.

Oh! je me serai assis là... et en réfléchissant.... machinalement... j'aurai trempé la plume... affaire d'habitude...

LA COMTESSE.

Affaire d'habitude?...

CHASTENAY.

Vous êtes bien gaie, comtesse.

LA COMTESSE, en riant.

C'est la scène du *Barbier de Séville* que vous faites jouer là. Mais Rosine mentait mieux que vous.

CHASTENAY.

Votre cousine n'est pas très-sérieusement malade, il paraît?

LA COMTESSE.

Je regrette bien de ne pas avoir, avant de sortir, compté les feuilles de papier. Je parierais que, maintenant, il y en a une de moins... (Entre Riscara.)

SCÈNE XXI.

LA COMTESSE, RISCARA, CHASTENAY.

RISCARA.

Vous gagneriez, comtesse.

LA COMTESSE.

Quand je le disais! Vous verrez que M. Chastenay en aura fait un cornet de bonbons pour la petite Figaro.

RISCARA.

Non. M. Chastenay a écrit sur cette feuille de papier l'autographe que vous lui demandiez avec tant d'instances...

LA COMTESSE.

Mais... Monsieur me disait...

RISCARA.

Le voici cet autographe... Il est court... mais il ne manque pas d'une certaine orginalité... (Il donne le papier à la comtesse.)

CHASTENAY.

Je suis joué.

LA COMTESSE, lisant.

Ba... bé... bi... (Allant à Chastenay.) Qu'est-ce que c'est que cela*?...

CHASTENAY.

Madame, je vous...

RISCARA, à Chastenay.

Oh! il est inutile de rien expliquer. En revenant de chez

* Riscara, la comtesse, Chastenay.

madame de Rouvray, je me suis amusé à raconter à Henriette ce qui se passait ici.
CHASTENAY.
Monsieur vous a...
LA COMTESSE.
Tout raconté d'avance, et fort exactement, il paraît... (Elle remonte.)
CHASTENAY, à Riscara, qui s'est rapproché.
Vous vous êtes cruellement moqué de moi, Monsieur!
RISCARA.
Dans la position où nous nous trouvions, il fallait nécessairement que l'un de nous deux se moquât de l'autre... (Entre Flavio magnifiquement frisé.) Et puis il s'agissait du bonheur de mon cousin!... On se doit à sa famille.

SCÈNE XXII.

FLAVIO, LA COMTESSE, RISCARA, CHASTENAY.

LA COMTESSE, derrière la table.
Bonsoir, cousin Flavio, vous arrivez à merveille. Vous allez me jouer une des valses que vous avez apportées.
FLAVIO.
Comment, comtesse, vous avez la bonté...
LA COMTESSE.
Cousin Flavio, il y là une mèche qui avance un peu trop. Sauf cela, vous êtes irréprochable.
FLAVIO.
Ah! comtesse... comtesse... (Descendant à Riscara qui gagne à gauche*.) Merci, cousin, comment avez-vous fait?
RISCARA.
Oh! tu ne comprendrais pas!
LA COMTESSE, à Chastenay.
Monsieur Chastenay, est-ce qu'il ne manque rien à cet autographe?
CHASTENAY.
Si fait, Madame, une signature. (Il signe l'autographe.)
LA COMTESSE.
Voilà ce qui s'appelle agir en homme d'esprit. (Flavio, après avoir arrangé ses cheveux, s'approche du comte.)
RISCARA.
Eh bien! et Foscarini?
FLAVIO.
Il est parti seul.
RISCARA.
Seul! Cette Armande est adorable!

* Flavio, Riscara, la comtesse, Chastenay.

FLAVIO.

Armande ! elle est partie avec un jeune homme. (Il retourne près de la comtesse, vers le piano.)

RISCARA *.

Allons... il paraît qu'il n'est pas nécessaire d'être un homme remarquable pour être bafoué par les femmes... (A Chastenay.) Je crois que nous pouvons nous donner la main. (Julie paraît au fond.)

CHASTENAY.

Ah çà ! elle sait donc lire ?...

RISCARA.

Qui ?... Julie ?... Elle sait lire, écrire et compter... compter surtout ! Votre autographe me coûte cher.

CHASTENAY.

C'est une consolation. (Entre Julie, portant un plateau chargé de porcelaines magnifiques.)

SCÈNE XXIII.

LES MÊMES, JULIE **.

JULIE, à Riscara.

Faut-il casser, Monsieur ?

RISCARA.

Non ! non !

* Riscara, Chastenay, Flavio, la comtesse.
** Chastenay, Riscara, Julie, Flavio, la comtesse.

FIN.

LAGNY. —Imprimerie de VIALAT

www.ingramcontent.com/pod-product-compliance
Lightning Source LLC
Chambersburg PA
CBHW060520050426
42451CB00009B/1088